통일 신라의 장보고는 어린 시절에 바다를 바라보며 푸른 꿈을 키웠어요. 그는 중국 당나라에 건너가 무예와 용맹을 떨치고, 돌아온 뒤에는 청해진 대사로 임명되어 당나라 해적과 왜구를 소탕했어요. 그리고 당과 신라와 일본을 잇는 해상 무역로를 개척하여 삼국의 바다를 호령하며 무역을 주도했지요. **이러한 장보고를 '해상왕' 또는 '해신'이라고 불렀어요.**

함께 해상 무역을 해 봅시다!

추천 감수 김 완 기

한국아동문학회 중앙위원장, 한국아동문학연구회 수석부회장, 국제펜클럽 회원으로 활동하고 있습니다. 서울신문 신춘문예에 동시가 당선되어 문단에 나왔으며, 한국아동문학가상, 한정동아동문학상, 대한민국동요대상 등을 받았습니다. 초등학교 국어 교과서 집필·심의 위원, 서울서래초등학교 교장을 지냈습니다. 동화집 〈내 배꼽이 더 크단 말야〉 등 여러 권, 동시집 〈엄마, 이게 행복인가 봐!〉, 이야기책 〈마음이 따뜻한 101가지 이야기〉 등을 썼습니다.

추천 감수 이 창 수

한국문인협회 아동문학분과 회장, 한국아동문예작가회 명예회장, 한국아동문학회 부회장, 국제펜클럽 회원으로 활동하고 있습니다. 어린이 전문 출판사의 편집장, 주간을 지냈으며, 한국아동문예작품상, 한국아동문학작가상, 김영일아동문학상 등을 받았습니다. 지은 책으로 〈파란 꿈을 먹은 아이들〉, 〈따뜻한 남쪽 나라〉, 〈공포의 진주 동굴〉, 〈우주 여행〉, 〈구조대원 곰돌이〉, 〈화성인과 아기 도깨비〉, 〈백두산에서 감나무골까지〉, 〈바닷속 동굴에서 만난 사람〉 등이 있습니다.

추천 감수 송 명 호

한국아동문학회 회장, 한국문인협회 상임이사, 국제펜클럽 한국본부 이사로 활동하고 있습니다. 제1회 문화공보부 5월예술상, 제1회 소년한국문학상, 소천아동문학상, 한국문학상, 대한민국문학상, 국제펜문학상 등을 받았습니다. 지은 책으로 동시집 〈다섯 계절의 노래〉, 동화집 〈명견들의 행진〉, 영화 시나리오 〈소만 국경〉, 방송극 〈개벽〉, 장편 아동 소설집 〈전쟁과 소년〉(전5권), 〈똥딴지 독도 탐방대〉, 〈한국·세계 위인 전기〉(전집) 등이 있습니다.

추천 감수 이 상 현

한국문인협회 이사, 국제펜클럽 한국본부 감사, 한국아동문학회 수석부회장으로 활동하고 있습니다. 조선일보 기자, 서울 교통방송 편성국장을 지냈으며, 숙명여대, 인하대에서 학생들을 가르쳤습니다. 경향신문 신춘문예에 동시가 당선되고 〈현대 시학〉에 시가 추천 완료되어 문단에 나왔으며, 한국문학상, 국제펜문학상, 세종아동문학상, 소천아동문학상, 김영일아동문학상 등을 받았습니다. 지은 책으로 동시집 〈햇빛마을 가는 길〉, 동화집 〈짝꿍〉 등 여러 권이 있습니다.

글 권 태 문

한국아동문학인협회 부회장을 지냈으며, 한국문인협회 이사, 과천문인협회 회장으로 활동하고 있습니다. 매일신문과 서울신문 신춘문예에 동화가 당선되어 문단에 나왔습니다. 한국아동문학상, 세종아동문학상, 소천아동문학상, 박홍근아동문학상, 율목문학상 등을 받았습니다. 지은 책으로 장편동화집 〈바구니에 담은 별〉 등, 단편 동화집 〈거꾸로 자라는 소〉 등, 과학 동화집 〈개미들의 뽀뽀뽀〉 등 여러 권이 있습니다.

그림 정 윤 철

조형예술을 전공했습니다. 애니메이션 〈원더풀 데이즈〉의 배경 일러스트 총감독을 맡았습니다. 그린 책으로 〈팥죽 할멈과 호랑이〉, 〈호이호이 잼할머니〉, 〈혹부리 영감〉, 〈보리수 씨앗과 까마귀 똥〉 등이 있습니다.

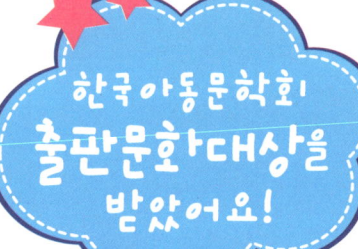

한국아동문학회 출판문화대상을 받았어요!

지식똑똑 큰인물탐구 ⑩
장보고

총기획 및 발행인 박연환 | **발행처** 통큰세상 | **출판등록** 제25100-2010-11호
연구개발원·회원무료교육센터 | **주소** 경기도 성남시 분당구 금곡동 444-148
대표전화 (031)715-7722 · 715-8228 | **팩스** (031)786-1100 · 786-1001
본사 | 서울특별시 강동구 길동 92 신동아아파트 제101동 제상가 제1층 101호
대표전화 (02)470-7722 | **팩스** (02)470-8338 | **고객문의** 080-715-7722
편집 김양미, 김범현 | **디자인** 조수진, 우지영, 성지현, 한지희

ⓒ 통큰세상

이 책의 저작권은 **통큰세상**에 있습니다. 본사의 동의나 허락 없이는 어떠한 방법으로도 내용이나 그림을 사용할 수 없습니다.

⚠ **주의** · 다칠 우려가 있습니다. 본 교재를 던지거나 떨어뜨리지 않도록 주의하십시오.
· 고온 다습한 장소나 직사광선이 닿는 장소에는 보관을 피해 주십시오.

지식똑똑 큰인물탐구 10 지혜와 용기

해상왕
장보고

글 권태문 | 그림 정윤철

통큰세상

이 책을 읽기 전에

지식똑똑 큰인물탐구 ⑩

해상왕 장보고

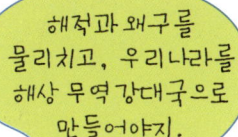
해적과 왜구를 물리치고, 우리나라를 해상 무역 강대국으로 만들어야지.

- **08** 바다를 보며 꿈을 키운 소년
- **16** 용기를 북돋아 준 어머니
- **22** 가자, 당나라로!
- **30** 무령군 소장이 되다
- **34** 신라 사람들의 마음의 안식처 법화원
- **41** 가엾은 신라 사람들을 도울 수 있다면

- **46** 이제 신라로 돌아가야 한다!
- **49** 용감한 바다 지킴이
- **56** 바다의 왕국 청해진
- **64** 피바람을 몰고 온 서라벌 손님
- **72** 푸른 바다에 떨어진 붉은 태양

바다를 보며 꿈을 키운 소년

'저 바다 너머에 당나라가 있다고? 당나라에는 어떤 사람들이 살고 있을까?'
소년 궁복은 수평선을 바라보며 깊은 생각에 잠겼어요.
바다 위로 돛단배 한 척이 바람을 가르며 나아가고 있었어요.
신라에서 유명한 인삼과 금, 은 같은 물건을 가득 싣고 당나라로 장사를 떠나는 배이지요.
'나는 언제나 저런 배를 타고 당나라에 가 볼 수 있을까?'
궁복은 매일같이 바다로 나가 서쪽 하늘을 바라보며 당나라를 상상했어요.
"모름지기 사내란 먼 나라를 다녀봐야 한단다. 바다 저 너머에는 우리가 모르는 신비로운 세상이 열려 있어. 넓은 세상을 봐야 마음이 커지고 세상을 보는 눈도 넓어진단다. 넌 손바닥만 한 이 섬에서 우물 안 개구리가 되어선 안 돼. 넓은 세상에서 큰 꿈을 꾸면서 살아야 한다."
돌아가신 아버지는 늘 궁복에게 이렇게 말씀하셨어요.
궁복은 힘찬 날갯짓을 하며 바다 위를 나는 갈매기를 올려다보았어요.

'나도 갈매기로 태어났더라면 좋았을걸. 먼 나라도 단번에 날아가 볼 수 있을 텐데…….'

궁복은 갈매기처럼 훨훨 날아 당나라에 가고 싶었어요.
"뭘 그리도 골똘히 생각하고 있어?"
누군가 궁복의 어깨를 툭 치며 말했어요.
뒤를 돌아다보니 형제처럼 친하게 지내는 정년이 씽긋 웃으며 서 있었어요.
궁복은 입을 꾹 다문 채 고개를 돌려 서쪽 바다만 바라보았어요.
"형! 당나라에 가고 싶어서 그러는구나!"
정년은 궁복의 마음을 금세 알아차렸어요.
한동네에 사는 궁복과 정년은 실과 바늘 같은 사이였어요.
둘은 어디를 가든 늘 그림자처럼 붙어 다녔지요.
"그래, 난 정말이지 당나라에 가고 싶어."
"형은 아직 어려서 못 가. 뱃길이 얼마나 험한지 알아?"
정년이 궁복의 어깨에 팔을 두르며 어른스럽게 말했어요.
그건 사실이에요. 바다는 꽤나 변덕이 심했어요.
궁복은 그것을 일찌감치 알고 있었어요.
잔잔하다가도 어느새 먹구름이 몰려오면 산더미 같은 파도가 되는 것을 아주 어릴 때부터 보아 왔으니까요.
게다가 바다는 고기잡이 나간 이웃집 아저씨들을 종종 삼켜 버리기도 했어요.

"그래도 꼭 한번 가 보고 싶어."
"당나라처럼 멀고 낯선 곳으로 떠나려면 우선 몸이 튼튼해야 해. 형, 우리 헤엄치자. 시합을 해서 형이 나한테 지면 당나라에는 못 가는 줄 알아."
정년이 깔깔 웃으며 궁복의 손목을 끌어당겼어요.
두 소년은 옷을 훌훌 벗어 던진 채 물속으로 풍덩 뛰어들었어요.

동네 사람들은 궁복과 정년을 물개라고 불렀어요.
어려서부터 물에서 자란 탓에 어찌나 헤엄을 잘 치는지, 한번 물속에 들어갔다 하면 십 리쯤 나아가는 것은 식은 죽 먹기였거든요.
게다가 한번 잠수하면 한참 동안 바다 위로 솟아오르지도 않았어요.
동네 사람들은 두 소년의 실력을 알면서도 늘 조마조마해서 눈을 떼지 못하다가, 조그맣고 새까만 머리 두 개가 물 위로 살짝 솟구치면 그제야 안도의 숨을 내쉬곤 했지요.

험하고 거친 바다도 두 소년에게는 재미있는 놀이터였어요.

"우리 점심 먹고 여기서 다시 만나자."
궁복이 물기가 채 마르지도 않은 몸에 옷을 걸치며 말했어요.
"좋아!"
정년은 무슨 뜻인지 다 안다는 듯이 빙긋 웃었어요.
잠시 뒤, 모래밭에서 다시 만난 두 소년은 나무칼로 겨루기를 했어요.
둘의 칼싸움 실력은 비슷하여 좀처럼 승부가 나질 않았어요.

이곳이 장보고가 태어난 청해, 즉 지금의 완도야!

김, 미역, 굴을 양식하고 수산업이 발달해 있지.

"그만 쉬자."
두 소년은 칼을 치우고는 모래밭에 벌렁 드러누워 하늘을 보았어요.
"난 당나라로 갈 거야! 무슨 일이 있어도 반드시 말이야."
"그래! 형, 우리 언젠가는 당나라에 함께 가 보자."
정년은 이렇게 말하며 궁복의 손을 꼭 잡았어요.
"그러자꾸나. 이 나라에서 우리가 출세하기엔 신분의 벽이 너무 높아. 우리 같은 어부의 자식들에게 벼슬은 꿈도 못 꿀 일이니까."
궁복이 흥분해서 목소리를 높여 말했어요.
그 당시 통일 신라에는 골품 제도라는 엄격한 신분 제도가 있었어요. 따라서 성골과 진골, 귀족이 아니면 벼슬에 오를 수가 없었지요. 성골은 왕족과 왕족 사이에서 태어난 사람이고, 진골은 왕족과 귀족 사이에서 태어난 사람이에요.

얍!

평민의 자식은 아무리 현명하고 재주가 뛰어나도 벼슬길에 오르기가 하늘의 별을 따는 것만큼 어려웠어요. 그래서 두 소년이 그토록 당나라에 가고 싶어 하는 것인지도 모르지요.

날이 어두워져 집으로 돌아온 궁복은 다시 글공부에 매달렸어요.

'학문과 무예를 함께 익혀야 해. 학문만 익히면 힘을 쓸 수 없고, 무예만 익히면 지혜로울 수 없을 테니까. 큰사람이 되기 위해서는 어느 것 하나 소홀히 해서는 안 돼.'

궁복은 이렇게 생각하며 자신의 실력을 닦아 나갔어요.

이 물개 소년 궁복이 바로 신라 때 당나라와 일본에까지 널리 이름을 떨친 바다의 왕, 장보고예요.

장보고는 신라 제38대 원성왕 때 청해(지금의 완도)에서 태어났어요. 궁복이라는 이름은 활을 다루는 솜씨가 뛰어나다고 해서 붙여졌대요.

용기를 북돋아 준 어머니

"당나라는 우리나라보다 훨씬 잘살아. 귀하고 신기한 물건과 값비싼 물건들이 아주 많지."
"어떤 물건은 평생 동안 한 번도 보지 못할 귀한 것들이야. 아마 임금님도 못 본 게 많을걸."
궁복과 정년은 당나라에서 물건을 싣고 오는 뱃사람들한테 당나라 이야기를 자주 들었어요.
호기심 가득한 두 소년이 바싹 다가앉아 귀를 기울이면 뱃사람들도 절로 신이 나서 이야기 보따리를 풀어 놓았지요.
두 소년에게는 당나라에서 오는 배가 항구에 도착하는 날이 가장 행복한 날이었답니다.
"형! 그런데 당나라에 가면 말이 안 통할 텐데, 어쩌지?"
"음! 그건 그때 가서 생각해도 늦지 않아. 아마 당나라에 가서 배우면 될 거야."

당나라에 다녀오겠소.

좋은 값에 팔고 오시오.

짜잔! 어때? 당당하고 씩씩한 청년으로 자랐지?

궁복의 자신감 넘치는 대답에 정년이 코를 찡긋하며 웃었어요.

두 소년은 당나라에 가고 싶은 꿈을 한시도 접지 않았어요.

"당나라 사람들은 신라 사람들을 업신여긴대. 그들에게 무시당하지 않으려면 실력을 갖추어야 해. 무술을 열심히 익혀서 당나라 사람들이 꼼짝 못하도록 하자."

궁복의 말에 정년이 고개를 끄덕였어요.

두 소년은 틈만 나면 모래밭에서 무예를 익히고, 글공부도 게을리하지 않았어요.

그래서 누구도 감히 넘볼 수 없는 무예 실력을 갖추게 되었지요.

어느덧 세월이 흘러 궁복과 정년은 씩씩한 청년이 되었어요.

둘의 우정은 세월이 흘러도 변함없이 한결같았어요.

"저 두 청년은 앞으로 큰일을 할 거야."

"암! 큰일을 하고말고. 내 평생 저렇게 듬직한 청년들은 본 적이 없어."

"우리 청해의 인물 아닌가. 청해에서 나고 청해에서 자란 바다의 아들이지. 두고 보자고, 하하하."
사람들은 궁복과 정년을 보고 입에 침이 마르도록 칭찬을 아끼지 않았어요.
어느 날, 궁복이 어머니 앞에 무릎을 꿇고 앉았어요.
"저, 어머니……."
늘 자기 주장이 분명한 궁복이 그날따라 주저하는 모습을 보였어요.
"무엇 때문에 그러느냐?"
"어머니, 제 말을 듣고 너무 놀라지 마십시오."
"너…… 혹시 당나라에 가겠다는 말을 하려는 게냐?"
"……."
어머니는 깊은 한숨을 내쉬며 말을 꺼냈어요.
"언젠가 이런 날이 오리라 생각했다. 네 아버지께서 남기신 말씀도 있고 해서 각오는 하고 있었지. 여태껏 말은 하지 않았지만 나 역시 그동안 네 행동을 지켜보면서 많은 생각을 했단다."
궁복은 어머니의 말씀을 듣고 깜짝 놀랐어요.
어머니는 장롱 속에서 꾸러미를 꺼내 궁복에게 건넸어요.
궁복은 조심스럽게 꾸러미를 풀어 보았어요.
"아니! 이건 돈이 아닙니까, 어머니?"

어머나, 궁복의 어머니는 아들의 생각을 쭉 알고 계셨네!

궁복은 깜짝 놀라 입을 다물지 못했어요.
이렇게 많은 돈은 태어나서 처음 보았거든요.
"먼 길 떠나려면 여비라도 있어야 할 것 아니냐. 언젠가 이런 날이 올 줄 알고 조금씩 모아 두었단다."
"어머니! 흑흑흑……."
궁복은 어머니의 치마폭에 엎드려 눈물을 흘렸어요.
없는 살림에 이렇게 많은 돈을 모으느라 어머니가 얼마나 고생을 하셨을까 생각하니 마음이 아팠어요.
"네 이놈! 사내대장부가 그렇게 마음이 약해서야 어찌 큰 꿈을 이루겠느냐?"
어머니의 꾸중에 궁복은 자세를 고쳐 앉았어요.
미처 다 닦아 내지 못한 눈물이 눈가에 번져 있었지요.
"어머니, 제가 어머니를 홀로 두고 당나라로 떠난다는데 싫지 않으세요?"
궁복은 애써 울음을 삼킨 목소리로 물었어요.
"자식을 먼 바다 밖으로 내보내고 싶은 어미가 어디 있겠느냐? 그러나 사내대장부가 제아무리 큰 뜻을 품는다고 한들 이런 조그마한 섬에서 어찌 그 꿈을 펼치겠느냐? 내 걱정은 조금도 말고 넓은 세상으로 나가 네 뜻을 마음껏 펼쳐 보거라."
"네, 어머니! 저는 당나라에 가서 바다를 지키는 장수가 되겠습니다."

어머니는 놀라서 눈을 크게 떴어요.
"당나라에서 너 같은 신라 사람을 장수로 쓰겠느냐?
그건 무척 어려운 일일 테니, 마음에 새겨 두고
힘든 순간마다 각오를 더 단단히 하거라.
그리고 네가 신라 사람이란 사실을 절대로
잊어서는 안 된다."
"잘 알겠습니다. 반드시 훌륭한 장수가 되어서
늠름한 신라 청년의 이름을 빛내고, 신라를
당나라에 널리 알리겠습니다."
어머니는 아들의 씩씩한 모습에 어느 정도
마음이 놓였어요.
때마침 정년이 궁복을 찾아왔어요.
"정년아, 어머니께서 내가 당나라에
가는 것을 허락하셨어."
"형, 나도 어머니께 허락을 받고 오는
길이야."
정년도 꿈에 부풀어 연신 싱글벙글했어요.
"그래? 그럼, 떠나기 전에 후회가
없도록 철저히 준비하자."
궁복과 정년은 다시 한 번 의지를
다졌어요.

이 어미는 걱정 말고
당나라에 가서
네 꿈을 펼치거라.

가자, 당나라로!

"어머니! 죄송합니다. 어머니를 두고 떠나는 저를 용서하십시오."
궁복은 막상 집을 떠나려고 하니 차마 발걸음이 떨어지지 않았어요. 홀로 외로이 계실 어머니 생각에 가슴이 아파서 고개를 들 수조차 없었어요.
그러자 어머니가 크게 꾸짖으셨어요.
"남자가 한번 마음을 먹었으면 무슨 일이 있어도 그 뜻을 굽혀서는 안 되거늘, 네 의지가 이것밖에 안 되었단 말이냐? 내 걱정일랑 눈곱만치도 하지 마라."

궁복은 지금껏 이처럼 엄한 어머니의 모습을 한 번도 본 적이 없었어요.
어머니는 잠시 궁복을 물끄러미 바라보더니, 금세 부드러운 표정을 지으며 말씀하셨어요.
"궁복아, 나도 네가 뜻을 이루는 날을 기대하고 있단다. 아버지도 하늘나라에서 그걸 바라실 게다."
"……."
"아직 시작도 하지 않았는데 벌써부터 마음이 약해져서야 되겠니? 네 눈앞에 놓인 길만 바라보고

이 장면을 봐도, 위인의 뒤에는 위대한 어머니가 있다는 말이 딱 맞아!

흑흑, 어머니를 두고 떠나는 저를 용서하세요.

내 걱정은 하지 말래도.

나아가거라."
궁복은 가슴 깊은 곳에서 울컥하고 솟구치는 무언가를 느꼈어요. 목이 메고 눈에는 눈물이 그렁그렁 맺혔어요.
"어머니! 잠시라도 나약해진 모습을 보여 드려 죄송합니다. 어머니 말씀대로 다시는 흔들리지 않고 뜻을 이루기 위해 온 힘을 다하겠습니다. 부디 건강히, 안녕히 계십시오. 꼭 성공해서 돌아올 테니, 믿고 기다려 주십시오."
궁복은 이렇게 말하고 어머니에게 절을 올렸어요.
드디어 궁복은 정년과 함께 당나라로 가는 배에 올라탔어요.
갑판에 오르자 스물을 갓 넘긴 궁복은 기대와 설렘으로 가슴이 벅차올랐어요.
몇 시간 뒤에 배는 바다 한가운데로 나왔어요. 바다와 함께 살아온 두 청년이지만 이렇게 드넓은 바다를 대하자 기분이 새로웠어요.
배 안에는 당나라로 떠나는 신라 사람들이 생각보다 많이 타고 있었어요.

그 당시 통일 신라의 상황은 무척 어수선했어요.
도읍지인 서라벌(지금의 경주)에서는 왕의 자리를 둘러싸고 왕과 진골
귀족 간에 다툼이 끊이지 않았어요.
그러다 보니 백성들을 돌볼 겨를이 없었지요.
백성들의 불만은 나날이 커져 갔어요. 게다가 가뭄과 홍수까지
계속되어 먹고살기가 더욱 어려워졌지요. 그래서 살길을 찾아
머나먼 당나라로 떠나는 신라 사람들이 하루가 다르게 늘어났어요.
그것은 궁복과 정년도 마찬가지였지요. 신라 땅에서는 신분 제도에
얽매여 더 나은 삶을 찾을 수 없었으니까요.
큰 세상에 나가 큰일을 하며 살고 싶은 두 청년의 꿈이 이제 조금씩
열리고 있는 듯했어요.
배는 잔잔한 바다 위를 미끄러지듯 나아갔어요.

두 청년은 미래가 이처럼 순탄하기를 기원했어요.
완도를 떠난 배는 서남 해안을 거슬러 올라가 충청도의 옹진에서 황해를 가로지르는 뱃길을 잡아 나아갔어요.
뒤를 돌아다보니 어느새 신라 땅은 보이지 않고, 주위는 온통 푸른 물이 넘실대는 바다뿐이었어요.
궁복과 정년은 한동안 서로 한마디도 하지 않았어요.
고향의 어머니 생각과 벅찬 감격 때문에 말문을 잃고 말았지요.
시간이 흘러 그나마 마음을 진정시킨 두 청년은 그들 앞에 펼쳐질 앞날을 그리며 수평선을 바라보았어요.
바다에서 맞는 첫 밤이었어요.
저녁 무렵부터 거칠어지기 시작한 파도는 밤이 깊어지자 사정없이 뱃머리를 내리쳤어요.

아무리 바닷가 태생이어도 험난한 파도 때문에 무척 괴로웠을 거야.

배는 금방이라도 뒤집힐 듯이 이리저리 기우뚱거렸어요.

사람들은 뱃멀미를 하느라 잠들지 못했지요.

궁복과 정년도 예외는 아니었어요.

둘은 서로에게 의지하며 괴로운 뱃멀미를 견뎌 내려 애썼어요.

그러나 파도는 점점 더 거칠어졌어요. 배가 심하게 흔들려 더 이상 견디기가 어려웠지요.

"우웩! 정년아, 배가 당나라에 도착하려면 얼마나 더 가야 하지?"

"글쎄, 빨리 배가 당나라에 닿으면 좋으련만……."

궁복과 정년은 빨리 날이 밝기만을 기다렸어요.

날이 밝을 무렵이면 배가 당나라에 닿을 것 같았기 때문이었어요.

당나라로 가는 길이 그리 쉽지는 않을 거라고 단단히 각오는 했지만 이렇게 힘들 줄은 꿈에도 생각하지 못했지요.

험한 바다를 수없이 많이 보았지만, 막상 바다 한가운데서 직접 겪어 보니 정말 바다가 낯설게 느껴졌어요.

파도는 두 청년의 바람을 비웃기라도 하듯 점점 더 거칠어져 갔어요.

뱃멀미도 더욱 심해졌지요.

완전히 녹초가 되어 겨우 뱃전에 기대앉은 궁복과 정년은 계속 배를 따라오는 달님을 바라보았어요.

달님은 마치 고향에 두고 온 어머니 얼굴 같았어요.
"정년아, 너도 어머니 생각을 하고 있지?"
"응. 지금쯤 어머니도 우리 생각에 잠 못 이루고 계시겠지?"
"우리, 반드시 훌륭한 사람이 되어 어머니께 보답하자."
궁복과 정년은 고향 생각을 하다가 어느새 스르르 잠이 들었어요.
아침이 되자, 바다는 다시 잔잔해졌어요.
간밤의 소란스러웠던 흔적은 어디에서도 찾아볼 수 없었어요.
배 위에서 며칠이 지났지만 사방은 여전히 바다뿐이었어요.
'당나라가 이렇게도 먼 곳이었구나. 세상이 이렇게도 넓다니!'
궁복은 새로 알게 된 놀라운 사실에 입이 다물어지지 않았어요.
하지만 좁은 배 안에서 하는 일 없이 막연히 기다리자니 무료했지요.

우웩! 뱃멀미가 장난이 아닌데!

바로 그때였어요.

"정년아! 저 서쪽 끝머리 좀 봐라. 어슴푸레 뭐가 보이지 않니?"

궁복이 배 난간에 서서 소리쳤어요.

"어디?"

"저쪽 말이야. 서쪽 저 멀리에 땅이 보이지 않냐고?"

마침내 육지가 보이기 시작하자 둘은 가슴이 요동치기 시작했어요.

"어, 정말 그렇구나! 당나라 땅이야!"

궁복과 정년은 서로 얼싸안고 펄쩍펄쩍 뛰었어요.

드디어 당나라에 도착한다고 생각하니 꿈을 꾸는 것 같았어요.

거친 파도를 만나 물귀신이 될 뻔했던 일은 까맣게 잊은 채 말이에요.

'고생 끝에 꿀이 기다리고 있다.' 는 말이 있지요?

궁복과 정년의 앞길에도 달콤한 꿀이 기다리고 있을까요?

배가 닻을 내린 곳은 산둥 반도의 적산포 항구였어요.

항구에는 크고 작은 배들이 즐비하게 늘어서 있었어요.

궁복과 정년은 큰 집과 상점들로 휘황찬란한 거리를 거닐면서 입을 다물 줄 몰랐어요.
상점에는 귀하고 값비싸 보이는 물건들이 잔뜩 쌓여 있었어요.
입에서는 '우아!' 하는 감탄사가 절로 터져 나왔고, 동그랗게 뜬 두 눈은 이것저것 둘러보느라 바삐 움직였어요.
고향 청해에서는 한 번도 보지 못한 신기한 풍경이었어요.
이제야 두 사람은 그곳이 당나라 땅이라는 것을 실감했어요.

무령군 소장이 되다

궁복과 정년은 당나라의 이곳저곳을 돌아다녔어요.
얼마 뒤, 다행스럽게도 신라 사람의 도움을 받아 장사를 시작했어요.
운하를 따라 배를 타고 다니며 소금과 목탄을 파는 장사였어요.
그 무렵, 신라 사람들은 숯이라고 불리는 목탄과 소금을 많이 생산했어요.
목탄은 잘 타는 데다가 연기도 나지 않아 중국 귀족들이 차를 마실 때나 잔치 음식을 만들 때 많이 사용했어요.
게다가 추운 겨울에는 방을 따뜻하게 만드는 데에도 쓰이는 사치품이었어요.
궁복은 숯과 소금을 파는 일이 성에 차지 않았어요.
큰돈을 벌 수도 없었고, 한갓 숯장수를 하기 위해

우리 부대의 군인이 되어 주겠소?

좋습니다.

당나라에 온 게 아니었으니까요. 궁복과 정년은
장사하는 틈틈이 당나라 말을 익히고, 무예를 닦았어요.
두 사람의 무술 실력을 본 당나라 사람들은 감탄하며 혀를
내둘렀지요.

어느 날, 당나라의 한 장군이 궁복과 정년을 찾아왔어요.
"나는 서주 무령군의 책임자요. 그대들의 무술 실력이
뛰어나다는 소문을 들었소. 우리 무령군의 군인이 되지
않겠소?"

갑작스런 제의에 궁복은 얼른 대답을 하지 못했어요.
그 당시 당나라 황제는 각 지방을 절도사들이 맡아서 다스리게
했어요. 그런데 이 절도사들이 군사력을 키워 더 많은 땅을
차지하려고 전쟁을 일으키곤 했어요. 그 가운데 '평로지청'의
절도사가 가장 거세게 황제 군대와 맞서 싸우고 있었지요.
황제는 이들을 무찌르기 위해 '무령군'이라는 군대까지 만들었어요.
그런 다음, 많은 군사들을 뽑았어요.

"우리는 신라 사람이오."
정년이 말했어요.
"아, 그것은 걱정 마시오. 신라 사람도 당나라 군인이 될 수
있으니까."

이렇게 해서 궁복과 정년은 무령군의 군인이 되었어요.
이때부터 궁복은 이름을 바꿔 장보고라고 불리게 되었어요.

어머, 장보고가 어머니한테 말한 대로 장수가 되었네!

당나라의 군인이 된 장보고와 정년은 싸움터로 나갔어요.
두 사람은 적을 맞아 한 치의 물러섬도 없이 용감히 싸워, 싸움을 승리로 이끌었어요.
이런 공을 인정받아 장보고와 정년은 '군중 소장'에 오르게 되었어요.
소장은 천 명 정도 되는 부하를 거느리는 군대의 부대장이에요.
보잘것없던 신라의 평민이 당나라의 장군이 된 것이지요.
신라 사람들은 누구나 장보고를 자랑스럽게 여겼어요.
당시에는 나라 안이 어수선한 신라를 떠나 당나라로 옮겨 와 사는 신라 사람들이 많았어요.

게다가 나라를 잃은 고구려와 백제 사람들도 이곳으로 옮겨 왔지요.
이들은 한 마을에 모여 살았는데, 그 마을을 신라방이라고 해요.
신라방은 당나라의 해안가나 강가에 여러 곳이 있었어요.
신라 사람들은 신라와 일본을 오가며 장사를 했을 뿐만 아니라
아라비아와 페르시아의 상인들과도 장사를 했어요.
신라방은 훗날 장보고가 해상 무역의 주도권을 쥐게 되면서 더욱
번창했어요.
신라방에는 신라 사람들을 다스리기 위한 신라소도 설치되어
있었어요. 신라소는 오늘날 외국에 있는 대사관이나
영사관 같은 곳이지요.
신라 사람들은 신라방 안에 절을 세워 신앙 생활을
하며 뱃길의 안전을 빌었어요. 이 절을 신라원이라고 해요.
그중에서 나중에 장보고가 산둥 반도의 적산촌에 세운 법화원이
가장 유명했어요.
무령군 소장 장보고는 당나라 곳곳을 다닐 기회가 많았어요. 가는
곳마다 해적 떼에 대한 이야기를 자주 들었어요.
그럴 때마다 반드시 신라방 사람들에게 큰 힘이 되어
주어야겠다고 마음먹었어요.

신라 사람들의 마음의 안식처 법화원

마침내 무령군은 평로지청의 무리를 모두 무찔러 전쟁이 끝났어요.
오랜 전쟁 때문에 당나라 조정은 나라 살림이 거의 바닥난
상태였어요.
얼마 뒤, 당나라 황제는 병사 수를 줄이라는 명령을 내렸어요. 전쟁이
끝나 굳이 많은 병사가 필요 없게 되었을 뿐만 아니라 많은 병사들을
먹이고 훈련시키고 월급을 줄 형편이 못되었기 때문이지요.
"정년아, 나는 이제 군대를 떠날까 해. 신라 사람들과 힘을 합쳐 배를
타고 다니면서 산둥 반도 일대에서 무역을 해 볼 생각이야. 나랑 함께
해 보지 않을래?"
장보고의 제안에 정년이 고개를 저었어요.
"형, 나는 그냥 여기에 남을래. 여기까지 올라오느라 얼마나
힘들었는데……. 게다가 전쟁도 끝났겠다, 이제부터는 나라에서 주는
봉급이나 받으며 편하게 살 텐데, 뭣 때문에 사서 고생을 하겠어."
장보고는 당연히 자기의 뜻을 따르리라 믿었던 정년이
이렇게 나오자 실망했어요.
두 사람은 지금까지 한시도 떨어지지 않고 함께 미래를
꿈꾸며 살아왔지만, 아쉽게도 서로의 앞날을 위해
헤어져야 했어요.

군대를 떠난 장보고는 우선 신라방과 신라원을 중심으로 신라 사람들을 찾아갔어요.

"여러분, 서로 힘을 합쳐 일해 봅시다. 각자 따로따로 다니다 보니 해적들이 약탈을 일삼지 않습니까? 우리가 힘을 합치면 해적들에게 당할 걱정은 하지 않아도 됩니다."

장보고의 말에 신라 사람들은 무척 기뻐했어요.

"해적들 때문에 걱정이 이만저만 아니었는데, 대찬성입니다."

"뱃길만 안전해진다면 이익이 수십 배는 더 늘 거예요."

신라 사람들은 존경하는 장보고가 이제부터 자신들을 이끌어 주겠다고 하니 고맙기 그지없었지요.

여럿이 함께 다니면서 장사를 하려면 무엇보다 큰 배가 필요했어요. 장보고는 큰 배도 만들고, 해적들과 맞설 수 있도록 사람들에게 무예

훈련도 시켰어요.
장보고는 신라나 일본으로 장사를 떠나는
배들을 호위하며 안전하게 항해를 할 수
있도록 도와주었어요. 많은 사람들이 장보고를
'장군님'이라고 부르며 믿고 따랐어요.
여러 해 장사를 하면서 장보고는 돈을 많이
벌었어요.

'신라 사람들이 마음의 평화를 얻을 수
있는 곳을 만들면 어떨까?'

이렇게 생각한 장보고는 절을 세우기로 마음먹었어요.
이러저러한 사정으로 머나먼 남의 나라 땅에 와서 외롭게
사는 신라 사람들에게 위로가 되어 줄 절이 있다면 정말 좋겠다고
생각했어요.
장보고가 적산촌에 절을 짓기 위해 일할 사람들을 뽑는다는 방을
붙이자, 많은 신라 사람들이 곳곳에서 달려왔어요.
"절을 지으려면 우선 돌과 나무들이 많이 필요합니다. 절이 큰 만큼
자재들도 커야 합니다. 여러분은 당나라의 곳곳으로 흩어져 자재들을
날라 와 주십시오."
장보고는 신라방 사람들과 함께 열심히 일했어요.
몇 달 후에 절이 세워지자 벽화를 그려 넣고, 부처상도 모셔
놓았어요.

드디어 적산촌 산기슭에 웅장한 절이 모습을 갖추었어요.
장보고는 신라에서 훌륭한 스님들을 모셔 온 뒤, 절의 이름을 '법화원'이라고 지었어요.
법화원의 종소리가 은은히 울려 퍼질 때마다 신라 사람들은 마음의 위안을 얻었어요.
그리고 절에 모여 불공을 드리며, 뱃길이 무사하기를 빌었어요.
장보고는 또한 당나라에 온 지 얼마되지 않아 갈 곳 없는 신라 사람들이 법화원에서 편안하게 지낼 수 있는 장소를 제공하기도 했어요.
신라 사람들은 법화원에 오면 마치 고향인 신라 땅에 온 것 같다고 말했어요. 장보고의 꿈대로 법화원은 신라 사람들에게 마음의 고향이 되었어요.

이 무렵, 일본의 유명한 스님 엔닌(자각대사)이 당나라에 왔어요.
엔닌 스님은 장보고와 신라 사람들의 도움을 받아 법화원에서 머물며 불경 공부를 했어요.
훗날 엔닌 스님은 일기 형식의 여행기인 〈입당구법순례행기〉에서 장보고의 위대한 업적과 신라방에서 살던 신라 사람들의 생활 모습을 생생히 써 놓았어요.
이 책은 우리 선조들의 삶을 들여다볼 수 있는 소중한 자료가 됐어요.
일본에 돌아간 뒤, 엔닌 스님은 장보고에게 다음과 같은 편지를 썼어요.

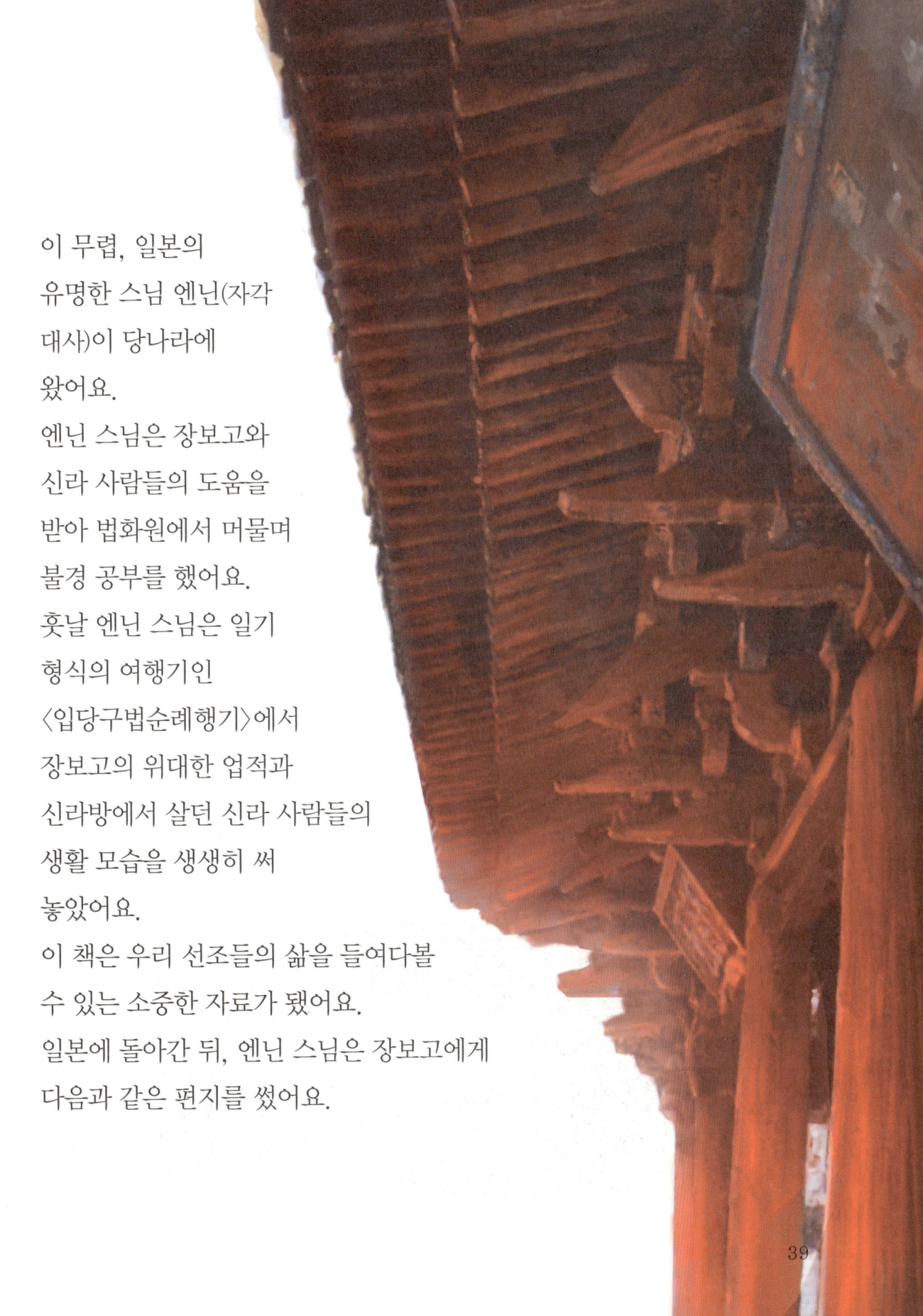

봄은 화창하여 이미 따사롭습니다.
은혜를 입었기에 삼가 우러러 받들지 않을 수 없습니다.
언제 뵈올지 약속할 수는 없으나, 장군님에 대한 그리움이
날로 깊어만 갑니다.

법화원은 당나라는 물론 신라, 일본에까지 아주 유명해졌어요.
당나라 해적에게 시달림을 당하던 신라 사람들이 적산촌의
법화원으로 모여들었어요.
신라 사람들은 법화원을 중심으로 힘을 모아 장사를 했어요.
이제 해적들은 감히 신라 사람들이 이끄는 배를 넘보지 못했어요.
장보고가 탄 배가 눈앞에 나타나면 해적들은 쏜살같이 달아났지요.
신라에도 당나라에서 활약하는 장보고에 대한 소문이 전해졌어요.
백성들 사이에 장보고의 이름이 오르내리자, 신라 조정에서도
장보고가 어떤 인물인지 궁금해했어요.

가엾은 신라 사람들을 도울 수 있다면

하루는 장보고가 해안을 거닐고 있을 때였어요.
"사, 사람 살려 주세요!"
도움을 구하는 여인의 다급한 목소리였어요.
장보고가 소리 나는 쪽을 쳐다보니, 신라 옷을 입은 한 여인이 당나라 상인에게 쫓겨 달아나고 있었어요.
여인은 곧 당나라 상인에게 붙잡히고 말았지요.
장보고가 달려가 물었어요.
"무슨 일이오? 왜 연약한 여인을 괴롭히는 거요?"

"남의 일에 참견하지 마! 저리 썩 꺼지지 못해!"
건장한 체구의 당나라 상인이 눈을 부라리며 장보고를 밀쳤어요.
신라 여인은 궁복의 뒤로 몸을 숨긴 채 두려움에 떨었어요.
"안심하시오. 내가 보살펴 주겠소."
장보고가 말했어요.
"어머! 당신도 신라 사람이었군요."
"그렇소만, 무슨 일로 쫓기는 신세가 되었소?"
"흑흑흑……. 저는 원래 신라의 한 작은 섬에서 살고 있었어요. 하루는 마을에 해적 떼가 나타나서 온 마을에 불을 지르고 식량을 훔쳐 가더니, 사람들을 이곳 당나라로 끌고 왔어요. 우리 식구들도 붙잡혀 와서 노예로 팔렸지요. 저는 저 사람에게 팔렸고요. 그런데 저 사람이 한눈을 파는 사이에 도망을 치다가
그만 걸리고 말았어요. 흑흑흑……."

어찌하여 연약한 여인을 괴롭히는 거요?

42

장보고는 당나라 상인에게 말했어요.
"이 여인의 몸값이 얼마요? 나에게 파시오."
장보고는 당나라 상인이 부르는 대로 돈을 주었어요.
"이제 당신은 자유로운 몸이오. 어떻게 하겠소? 신라로 돌아가고 싶으면 내가 알아보리다."
"아니에요. 이곳에는 우리 식구가 있으니, 일해서 돈을 벌어서 식구들을 되찾아야죠."
장보고는 여인을 데리고 가서 일자리를 주고, 편히 지낼 방도 구해 주었어요.
그러던 어느 날, 말을 타고 가던 장보고는 아주 끔찍한 광경을 보았어요.
"빨리빨리 하지 못해! 해가 지기 전에 다 끝내지 못하면 오늘 저녁도 굶을 줄 알아!"
당나라 사람으로 보이는 밭 주인이 밭에서 일하고 있는 일꾼에게 마구 채찍질을 해 대고 있었어요. 일꾼 중에는 젊은이뿐만 아니라, 허리가 굽은 노인도 있었고, 아직 농사일을 하기 벅찬 어린아이도 있었어요.
"여보시오, 주인장! 무슨 매질을 그렇게 하시오."
"내가 돈 주고 산 신라 노예를 내 마음대로 부리는데, 당신이 웬 참견이오?"

세상에! 남의 나라에 끌려와서 저렇게 매질을 당하며 고생을 하다니, 너무 불쌍해.

그 말에 장보고는 깜짝 놀랐어요.
"그럼 이 사람들이 모두 신라에서 온 노예들이란 말이오?"
"그렇소. 내가 해적들에게 비싼 값을 치르고 산 것이오."
그 말에 장보고는 가슴이 찢어질 듯 아팠어요.
얼마 전에도 노예로 팔려 가는 여인을 구해 준 적이 있지만, 이렇게 해적들에게 잡혀 오는 신라 사람들이 많은 줄 몰랐던 거예요.
해적 떼들은 가끔 신라 땅에 가서 노략질을 했지만, 장보고 때문에 신라방 사람들을 약탈하지 못하자, 활동 무대를 아예 신라 땅으로 옮긴 것이었어요.
장보고는 이번에도 밭 주인에게 몸값을 물어 주고는, 그 자리에 있던 신라 사람들을 모두 풀어 주었어요.
그날 밤, 장보고는 잠을 이룰 수가 없었어요.
신라에서 갖은 고생하며 사는 것도 모자라서 당나라 해적들에게 붙잡혀 와서 노예가 되어 온갖 매질을 당하는 신라 사람들이 너무나 불쌍했어요.
'그래, 못된 해적 놈들이 마냥 날뛰도록 내버려 둘 수는 없어. 하루빨리 신라로 돌아가서 해적들을 쳐부숴야겠다!'
장보고는 신라로 돌아갈 결심을 했어요.

이 사건을 계기로 장보고가 신라로 돌아갈 결심을 하게 되었대!

이제 신라로 돌아가야 한다!

때마침 정년이 법화원에 머물고 있었어요.
장보고는 법화원으로 갔어요.
"정년아, 나는 이제 신라로 돌아가기로 했다."
"아니, 갑자기 그게 무슨 소리야? 여기서 큰 상인이 되었잖아. 그리고 신라방 사람들은 어찌하려고?"
정년이 깜짝 놀라며 물었어요.
"신라로 가서 우리나라 바다를 지켜야겠어. 지금 신라 해안에는 당나라 해적들의 행패가 심해서 더 이상 두고 볼 수가 없어. 정년아, 너도 같이 가자."
하지만 정년은 고개를 가로저으며 어두운 표정으로 말했어요.
"신라로 돌아가면 반겨 줄 사람이 있을까? 우리는 왕족이나 귀족이 아니잖아. 여기서 무령군 소장으로 그냥 지낼래. 고향으로 돌아가지 못하는 건 가슴 아프지만, 다시 귀족들에게 무시당하며 살고 싶지 않아."
장보고는 정년의 뜻을 꺾을 수 없었어요.

정년아, 우리 신라로 돌아가자.

장보고가 신라방으로 돌아오니, 어떻게 알았는지 소식을 듣고 신라방 사람들이 모여 있었어요.
사람들은 장보고의 손목을 붙잡으며 눈물을 흘렸어요.
"장군님의 뜻은 잘 알겠지만, 우리 신라방 사람들은 어찌 살라고 신라로 돌아간단 말이오."
신라방 사람들은 걱정이 태산이었어요.
장보고가 신라로 돌아가고 없다는 사실이 알려지면 해적들이 다시 나타나 행패를 부릴 게 뻔했으니까요.
"너무 걱정 마십시오. 그동안 제가 가르쳐 드린 대로 모두 힘을 합해 움직이면 해적들도 어쩌지 못할 겁니다."

장보고는 사람들을 둘러보며 다시 한 번 말했어요.
"제가 없더라도 지금같이만 해 주신다면 큰일은 없을 것입니다."
장보고가 말을 마치자 한 소년이 앞으로 나서며 말했어요.
"장군님, 저도 데려가 주세요."
초롱초롱한 눈이 빛나는 소년의 얼굴은 진지했어요.
장보고는 부드럽게 웃으며 소년의 머리를 쓰다듬었어요.
"고향 신라로 돌아가고 싶은 사람들은 모두 나를 따라 신라로 가도 좋습니다. 고향으로 돌아가 내 나라, 내 땅에서 오순도순 살아 봅시다."

장군, 우리들은 어찌 살라고 신라로 돌아간단 말씀이오?

신라로 돌아가서 우리의 바다를 지켜야겠습니다.

용감한 바다 지킴이

드디어 장보고가 신라로 돌아가는 날이 밝았어요.
적산포 앞바다에는 미리 마련해 둔 커다란 배가 떠 있었어요.
"이제 신라로 가는 거다. 자! 다들 배에 올라타라!"
장보고는 우선 해적들에게 붙잡혀 온 신라 사람들을 배에 태웠어요.
그리고 장보고와 함께 신라로 돌아가고자 하는 사람들도 배에 올라탔어요.
바닷가에는 장보고와 이별을 아쉬워하는 법화원 스님들과 신라방 사람들이 배웅 나와 있었어요.
"장군님! 안녕히 가세요."
여기저기서 눈물을 흘리는 사람들도 많이 있었어요.
"모두들 안녕히 계십시오. 신라로 가서 할 일을 마치고 나면 반드시 다시 돌아오겠습니다."
장보고가 배 위에서 손을 흔들며 소리쳤어요.
큰 돛을 올린 배는 천천히 바다 위를 미끄러져 갔어요. 잔잔한 바람을 맞으며 배는 넓은 바다로 나아갔어요. 신라방 사람들은 배가 보이지 않을 때까지 손을 흔들어 주었어요.
배에 탄 사람들은 고향 생각에 젖어 마냥 즐거워했어요.
고향으로 돌아가게 된 게 마치 꿈만 같았지요.

이곳은 전남 완도군에 있는 법화사 터야.

장보고가 당나라 적산 법화원을 본떠 지었대.

하지만 장보고는 마음이 착잡했어요.
정년과 함께 집으로 돌아가지 못해 마음 한구석이 허전했어요.
"몹쓸 사람 같으니. 거기서 혼자 남아 무슨 일을 하겠다고……."
장보고는 혼잣말로 중얼거리며 두 눈을 감아 버렸어요.
며칠 후, 배는 신라의 완도에 닻을 내렸어요.
20여 년 만에 밟는 고향 땅이었어요.
"오, 내 고향! 산과 바다는 변함없이 옛날과 똑같구나."
장보고는 기쁨의 눈물을 흘렸어요.
그러나 그것도 잠시뿐, 어머니께서 돌아가셨다는 소식을 듣게 되었어요. 어머니께서 얼마나 간절히 아들의 소식을 기다렸을까 생각하니 눈물이 앞을 가렸어요.
하지만 장보고는 마음을 다잡고 함께 온 사람들에게 말했어요.
"자, 여러분, 드디어 신라로 돌아왔습니다. 이제 각자 집으로 돌아가시기 바랍니다."
"고맙습니다. 덕분에 고향 땅을 다시 밟을 수 있게 되었어요."
장보고와 함께 지낼 사람들만 남고, 나머지 사람들은 장보고에게 인사를 한 뒤, 제각기 흩어졌어요.
장보고가 신라로 돌아왔다는 소문은 금세 온 신라에 퍼져 나갔어요. 왕의 신임을 받던 김우징이 흥덕왕에게 이 소식을 전했어요.
일찍이 장보고의 소문을 들은 바 있던 흥덕왕은 장보고를 수도인 서라벌로 불러올렸어요.

20년 만에 고향으로 돌아오는구나.

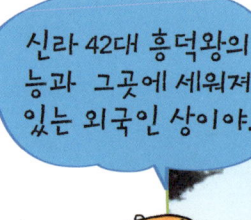
신라 42대 흥덕왕의 능과 그곳에 세워져 있는 외국인 상이야.

이 석상만 봐도 신라가 외국과 무역이 활발했다는 걸 알겠어.

"그대가 장보고인가? 멀리 당나라에서 우리 신라 사람들을 위해 애를 많이 썼다는 소식은 이미 들어 잘 알고 있었노라. 참으로 장하다."
"성은이 망극하옵니다."
장보고는 허리 굽혀 절을 했어요.
"당나라에서 보고 들은 것을 자세히 말해 보게."
장보고는 해적 떼의 행패로 인해 신라방 사람들이 겪었던 어려움과 당나라로 잡혀 와 노예가 된 신라 사람들에 대해 말했어요.
"조정에서도 짐작하고 있었지만, 그 정도로 심각한 줄 몰랐구나. 그대는 해적들을 상대한 경험이 있으니, 해적의 무리를 뿌리 뽑을 방법을 알고 있는가?"
장보고는 그동안 곰곰 생각해 왔던 계획을 조심스럽게 말했어요.
"폐하! 청해는 서쪽의 당나라와 동쪽의 일본으로 드나드는 중요한 뱃길이옵니다. 따라서 그곳에다 진을 설치해 나라를 지키면 좋을 듯하옵니다."

진이란 군대가 머무르는 곳으로, 요즘의 군부대와 같은 역할을 하는 곳이지요.

"좋은 생각이오. 청해, 즉 완도에 진을 설치하겠다. 그리고 그곳 책임자로 그대를 임명하며, 그대에게 대사의 벼슬을 내리노라."

"성은이 망극하옵니다."

장보고는 왕의 명령이 믿어지지 않았어요.

'한낱 평민에 불과한 나에게 이렇게 높은 벼슬까지 내리시다니! 어머니가 계셨더라면 얼마나 좋아하셨을까?'

장보고는 눈시울이 뜨거워졌어요. 그리고 정년과 함께 이 영광을 나누지 못하는 게 안타까웠어요.

드디어 장보고는 청해진 대사가 되었어요.

대사라는 벼슬은 그때까지 신라에는 없는 벼슬이었어요.

흥덕왕이 장보고를 위해 특별히 새로 만든 벼슬이었지요.
"그대에게 군사 1만 명을 내줄 테니 우리의 바다를 잘 지키도록 하라."
청해진으로 간 장보고는 오랫동안 계획해 왔던 일들을 하나하나
이루어 나갔어요.
우선 완도에서 170미터 정도 떨어져 있는 섬, 장도에 성을 쌓았어요.
성의 총길이는 890미터로, 지리적인 조건을 잘 이용한 성이었어요.
장도는 밀물 때는 섬이지만, 썰물 때는 갯벌이 드러나 하루에 두 차례
완도로 건너갈 수 있었어요.
성을 쌓은 후에는 목수들을 시켜 배를 만들기 시작했어요.
해적을 무찌르기 위해서 속력도 빠르고, 웬만한 파도에도 끄떡없는

청해진 대사, 정말 장하도다!

폐하, 이제 해적들은 우리 바다를 넘보지 못할 것입니다.

튼튼한 배를 만들었지요.

그리고 군사들을 열심히 훈련시켰어요.

바다에서의 싸움은 땅에서 싸우는 것과는 달랐어요. 청해진의 군사들은 바다에서건 땅에서건 용감하게 싸울 수 있도록 훈련을 받았어요. 훈련은 매우 혹독했지만 군사들은 장보고를 잘 따랐어요. 장보고는 청해진 군사들을 이끌고 신라 앞바다에서 상인들의 재물을 훔치고, 선량한 백성들을 노예로 팔아넘기는 해적들을 무찌르는 데 온 힘을 기울였어요.

아무리 거칠고 사나운 해적 떼도 청해진의 군사들 앞에서는 힘을 쓰지 못했지요.

밤낮없이 애를 쓴 덕분에 해적들은 신라 주변은 물론, 당나라와 일본의 앞바다에 얼씬도 하지 못했어요.

결국 해적 무리들은 뿌리째 뽑혀 버리고 말았지요.

바다의 왕국 청해진

청해진이 있는 장도는 서해와 남해를 연결하는 요충지이자 일본과 중국을 잇는 근거지이기도 했어요.
따라서 일본과 당나라를 오가는 배들은 반드시 청해진을 거쳐야만 했어요. 장보고는 청해진에서 두 나라의 상인들이 거래할 수 있도록 도와주었어요.
장보고 군사들은 신라에서 일본으로 오가는 배나 당나라를 오가는 배들이 안전하게 다닐 수 있도록 보호했어요.
푸른 파도를 가르며 짐을 가득 실은 돛단배들이 분주히 청해진을

드나들었어요.
해적들은 장보고가 무서워서 더 이상 신라 앞바다에는 코빼기도 보이지 않았어요.
바다가 평정되자, 장보고는 군사들을 한자리에 불러 모았어요.
"나라가 잘살기 위해서는 무역을 해야 합니다. 이제부터 우리 군대는 당나라와 일본을 오가며 무역을 하겠습니다. 이 청해진은 앞으로 군사 기지뿐만 아니라 무역 기지로도 이름을 떨칠 것입니다. 그러니 저를 도와 힘을 써 주십시오."
그때 장보고가 주로 사고팔았던 것은 당나라·신라·일본 물건 이외에도 멀리 동남아시아나 아라비아에서 생산되는 물건까지 다양했어요.

해적들이 한 발짝도 우리 땅에 발을 들이지 못하게 하라!

장보고 기념 동상을 중심으로 전투 장면을 재현한 조감도야.

당시 신라 귀족들은 아라비아에서 건너온 사치품을 아주 좋아했어요. 장보고 무역단이 사들여 신라로 가져온 물건들은 신라 귀족들 사이에서 불티나게 팔렸어요.

또한 장보고는 우리 문화도 외국에 알려야 한다고 생각했어요. 그래서 아라비아 상인들에게 큰 인기를 끌고 있는 도자기를 생각해 냈어요. 그 당시 도자기는 당나라에서 독차지해서 값이 비쌌지요. 장보고는 신라에서 도자기를 만들어 아라비아 상인들에게 팔았어요. 신라의 도자기는 아라비아 사람들에게 큰 인기를 끌었어요.

장보고는 바다를 넘나들며 활발한 무역 활동을 한 결과 큰돈을 벌었어요.

이제 장보고의 명성과 세력은 하늘을 찌를 듯 높아만 갔어요.
그러던 어느 날이었어요.
부하 한 사람이 숨을 헐떡이며 달려와서 말했어요.
"대사님! 손님 한 분이 대사님을 찾아왔습니다. 누구냐고 물어도 대답도 않고 무조건 대사님을 뵙게 해 달라고만 하는데요."
문 밖으로 나온 장보고는 거지꼴을 하고 서 있는 사람을 보고는 깜짝 놀랐어요.
"자네는…… 정년? 그래, 정년이 맞지?"
비록 차림새가 초라하고 볼품없었지만 장보고는 한눈에 정년을 알아보았어요.
장보고는 너무도 반가워서 정년을 와락 껴안았어요.
"이게 어찌 된 일이야? 자네 차림새가 왜 이런가?"
장보고가 묻자, 정년은 고개를 푹 숙인 채 말했어요.
"그때 고집부리지 말고 형님을 따를 것을…… 흑흑흑. 저는 무령군에서 쫓겨나 이리저리 떠돌아 다녔어요. 형님, 늦었지만 저를 받아 주십시오. 이제부터라도 형님을 따르겠습니다."
정년은 무릎을 꿇으며 엎드렸어요.

형님, 늦었지만 저를 받아 주십시오.

왼쪽은 청해진 유적비고, 오른쪽은 장도의 성문 유적이야.

"이 사람아, 이게 무슨 짓인가! 일어나게. 이렇게 찾아와 준 것만으로도 고맙네. 자네와 나는 친구이자 형제 아닌가."
장보고는 정년을 데리고 성의 제일 꼭대기로 올라갔어요.
"저 배들은 청해진 군사들의 지시에 따라 여기를 드나든다네."
장보고는 바다에 떠 있는 수십 척의 배를 가리키며 말했어요.
"대단하십니다. 소문으로 간간이 형님의 소식은 들었습니다만 이 정도일 줄은 몰랐습니다. 역시 형님답습니다."
정년은 바다의 왕국으로 거듭난 고향의 앞바다를 바라보며 감탄했어요.
정년은 당나라에서 장보고와 헤어진 후, 신라방을 떠나 이곳저곳을 떠돌며 살길을 찾았어요. 그러나 되는 일이 하나도 없었어요.
정년은 죽도록 고생만 하다가 추위와 굶주림에 시달리다 못해 이렇게 장보고를 찾아온 것이에요.

그날 밤, 정년과 장보고는 밤새 이야기꽃을 피웠어요.

어린 시절 바닷가에서 무술 시합을 하며 실력을 쌓던 일, 하루 종일 헤엄을 치며 놀던 일, 당나라에서 겪었던 고생 등을 이야기하며 오랫동안 만남의 기쁨을 누렸어요.

"정년, 돌아와 주어서 정말 고맙네. 이제부터 자네가 곁에 있을 거라 생각하니 더욱 힘이 솟는군. 우리 힘을 합쳐 이 나라를 이끌어 가세."

장보고는 정년의 손을 꼭 잡았어요.

"저를 이렇게 따뜻하게 받아 주시니 무엇으로 보답해야 할지 모르겠습니다. 앞으로 죽는 순간까지 있는 힘을 다해 형님을 돕겠습니다."

정년은 진지한 눈빛으로 말했어요.

청해진이 있던 장도 바닷가에는 많은 나무 말뚝들이 있는데, 이것을 목책이라고 해.

참나무 기둥 말뚝을 박아 만든 울타리로, 적의 침입을 막으려고 임시로 만든 거래. 총길이는 33미터나 된대.

피바람을 몰고 온 서라벌 손님

836년 12월, 장보고를 신임했던 흥덕왕이 세상을 떠났어요.
흥덕왕에게는 왕권을 이어받을 왕자가 없었어요.
그러자 왕위를 놓고 흥덕왕의 사촌동생인 김균정 세력과 김균정의
조카 김제륭을 지지하는 세력 사이에 치열한 다툼이 벌어졌어요.
결국 김제륭이 왕위에 올랐는데, 그가 바로 희강왕이에요.
그 후 김균정은 죽임을 당했고, 그의 아들 김우징도 목숨이 위태로운
상황이었지요.
간신히 목숨을 구한 김우징은 가족들과 함께 서라벌을 빠져나와
청해진으로 갔어요.
"대사님! 서라벌에서 김우징 대감님이 찾아오셨습니다."
김우징은 장보고가 당나라에서 막 돌아왔을 때 흥덕왕을 만날 수
있게 도와준 은인이에요.

와, 신라 시대의 금관이잖아.

그래. 신라 말에는 이 금관을 머리에 쓰려고 왕위 다툼이 꽤 많았어.

장보고는 반가운 마음에 한달음에 뛰어가 김우징을 맞이했어요.
김우징은 어깨를 축 늘어뜨린 채 피곤한 기색으로 서 있었어요.
그 곁에는 가족들과 몇 명의 부하들이 초라한 모습으로 서 있었지요.
"대감, 어인 일이시옵니까? 많이 피곤해 보이십니다. 어서
들어오셔서 요기 먼저 하십시오."
장보고는 궁금한 것이 많았지만 꾹 참았어요.
김우징은 식사를 마친 뒤, 장보고에게 서라벌 궁궐 안에서
벌어진 피비린내 나는 싸움에 대해 자세히 들려주었어요.
"잘 오셨습니다. 비록 지내시기에 불편한 점이 많겠지만 정성껏
모시겠습니다."
"고맙소. 쫓겨 다니는 몸을 이토록 반겨 주시니……. 이 은혜는
절대로 잊지 않으리다."

내가 궁궐의 주인이 될 테야!

김우징은 고맙다는 말을 되풀이했어요.

여름이 가고 어느새 가을로 접어들었어요.

김우징의 아들 김경응과 장보고의 딸 난희는 어느새 다정한 친구가 되었어요.

경응과 난희는 틈만 나면 바닷가를 거닐었어요.

김우징은 장보고에게 두 사람을 혼인시키기로 약속했어요.

그즈음 평온한 청해진과는 달리 서라벌의 궁궐에서는 왕권을 놓고 치열한 싸움이 계속되고 있어요.

희강왕이 자리에 오른 지 1년 만에 김명이라는 왕족이 반란을 일으켜 희강왕을 죽이고 스스로 왕위에 올라 민애왕이 되었어요.

이 소식을 전해 들은 김우징은 가만히 있을 수가 없었어요.

"대사! 김명이라는 자가 왕위에 올랐다고 하오. 그자는 내 아버지를 죽인 원수이기도 하오. 원수를 갚을 수 있도록 군사를 내주시오."
장보고는 김우징의 부탁을 흔쾌히 받아들였어요.
"좋습니다. 제가 군사를 이끌고 함께 갈 테니, 꼭 아버님의 원수를 갚으십시오. 그리고 부디 흔들리는 나라의 안정을 찾아 주십시오."
839년, 장보고는 군사 5천 명을 이끌고 서라벌로 향했어요.
이 소식을 들은 민애왕은 군사를 보내 맞서 싸우게 했어요. 하지만 장보고가 이끄는 군사들을 당해 낼 수가 없었지요.
"어서 옥좌에 오르시지요."
장보고가 감격에 차서 말했어요.
이렇게 해서 왕위에 오른 김우징이 바로 신무왕이에요.
"내가 왕위에 오르기까지 장 대사의 도움이 컸소. 장 대사가 없었던들 어찌 오늘의 내가 있었겠소."
신무왕은 장보고를 높이 칭찬하며 '감의군사'라는 높은 벼슬과 함께 많은 땅을 상으로 내렸어요.

그날 밤, 신무왕은 장보고를 불러 말했어요.
"내 약속대로 그대의 딸을 태자비로 삼을 것이오. 그날까지 부디 잘 보살펴 주시오."
장보고는 머리를 숙여 절을 했어요.
궁궐에서 나온 장보고는 너무 기뻐서 가슴이 터질 것만 같았어요.
딸 난희가 왕비가 되면 자신은 왕의 장인이 될 테니, 꿈에도 그리던 귀족이 될 날이 머지않은 것이지요.

내가 신라 제45대 왕 신무왕이오. 나라를 잘 다스리겠소.

신무왕은 왕이 된 지 여섯 달 만에 갑자기 죽고 말았어요.
죽기 전에 신무왕은 태자 경응을 불러 유언을 했어요.
"태자는 잘 들거라. 청해진의 장 군사는 우리의 은인이니라.
그 은혜를 저버려서는 안 된다. 그러니 그분의 딸 난희를 왕비로
맞이해라. 오래전부터 장 군사와 이미 약속을 해 두었던 일이니라."
태자 경응은 아버지의 뒤를 이어 문성왕이 되었어요.
장보고의 딸 난희는 이 소식을 듣고 무척 기뻐했어요.
왕비가 될 날만을 손꼽아 기다렸지요.
문성왕은 청해진으로 사신을 보냈어요.
"청해진 장 군사는 들으시오! 짐은 아버지 신무왕의 명을 받들어
장 군사에게 진해장군의 벼슬을 내리오."
장보고는 기쁜 마음으로 명을 받들었으나, 난희 이야기가 없는 게
서운했어요.
하지만 곧 좋은 소식이 올 것이라 여기며 기다리기로 했어요.
4년 후, 문성왕이 위흔의 딸을 왕비로 맞았다는 소식이 들려왔어요.

전남 완도군 장도(장군섬)에 있는 장보고 사당이야.

신라의 영웅 장보고를 기리는 곳이지.

장보고는 어이가 없어 한참이나 멍하니 서 있었어요.
'아니, 이런 날벼락이 있나……? 혹시 두 번째 비로 맞으시려나?'
장보고는 마음을 달래고 기다리기로 했어요.
문성왕이 왕이 된 지 8년째 되던 어느 날이었어요.
문성왕은 대신들을 불러 모아 물었어요.
"아버님의 유언도 있고 해서 진해장군 장보고의 딸을 차비로 맞이했으면 하는데, 경들의 생각은 어떠하오?"

차비는 두 번째 부인으로서 왕비보다는 한 단계 낮지만 역시 왕의 정식 부인이었어요.

"폐하, 아니 되옵니다. 장보고가 아무리 장군이라고는 하나, 그는 뱃사람이옵니다. 뱃사람의 딸을 어찌 차비로 맞이할 수 있사옵니까? 절대 있을 수 없는 일이옵니다."

신하들은 한결같이 반대했어요.

문성왕도 신하들의 반대가 심하자 어쩔 수가 없었어요.

참고 참으며 기다렸지만 궁궐에서 아무 소식이 없자, 장보고는 무척 화가 났어요.

'누구 덕분에 왕이 되었는데, 이제 와서 등을 돌려?'

장보고는 은혜와 의리를 저버린 문성왕을 도저히 용서할 수 없었어요.

정녕 내 공도 모르고 약속을 안 지키다니, 도저히 용서할 수 없다!

푸른 바다에 떨어진 붉은 태양

'왜 모두 그토록 반대하는 것일까?'
문성왕은 그 이유를 곰곰 생각해 보다가, 마침내 그 까닭을
알아냈어요.
귀족들은 자기들이 쥐고 있는 특권을 잃고 싶지 않았던 것이에요.
장보고 같은 평민이 귀족이 된다면 평민들 모두가 귀족이 되겠다고
나설 게 분명하니, 자신들이 누리고 있는 특권을 지키기 어려울
것이라고 판단했던 것이지요.
반대하는 이유는 그뿐만이 아니었어요.
귀족들은 장보고를 위험 인물로 여기고 있었어요.
청해진의 막강한 군사력을 손에 쥐었을 뿐 아니라 그동안 무역을
하면서 벌어들인 어마어마한 재산까지, 장보고는 그야말로 감히
건드릴 수 없는 큰 힘을 갖고 있었지요.

장보고의 따님과는 결혼하실 수 없습니다.

일본에 있는 적산선원의 〈보물선도〉랑 엔랴쿠 사에 있는 장보고 기념비야.

게다가 왕의 장인이 되어 권력까지 얻게 된다면 장보고의 힘은 왕의 자리까지 넘볼 수 있을 정도로 엄청나게 커질 게 분명했지요.
하지만 문성왕은 바로 이러한 이유 때문에 장보고의 딸을 차비로 맞이하려고 했어요. 호시탐탐 왕의 자리를 넘보는 왕족들을 장보고의 힘을 이용해 누르고 싶었으니까요.
그때 대신 한 사람이 달려와 문성왕을 뵙기를 청했어요.
"폐하! 청해진에서 장보고 장군이 반란을 일으키려고 한다는 소문이옵니다."
"뭣이?"
문성왕은 곧바로 대신들을 불러 모아 대책을 의논했어요.
그때 염장이라는 신하가 앞으로 나섰어요.
"폐하! 제가 장보고의 반란을 막겠사옵니다. 장보고를 없애면 됩니다."
"뭐? 장보고를 죽인단 말이오?"

염장은 문성왕의 눈치만 살필 뿐 더 이상 말을 잇지 않았어요.
"그건 아니 되오. 장보고는 그대와 같이 아바마마가 왕위에 오르는 데 공을 세운 신하가 아니오? 그건 사람으로서 할 도리가 못 되오."
"폐하! 그 일은 소신이 알아서 처리하겠사옵니다. 말썽을 피우는 싹은 자라기 전에 싹둑 잘라 내야 하옵니다.
그냥 두면 더 큰일을 부를 게 분명하옵니다."
문성왕은 할 수 없이 그러라고 말했어요.
며칠 후, 염장은 청해진에 닿았어요.
장보고는 염장이 찾아오자 무척 반겼어요.
"아니, 웬일로 여기까지 찾아왔는가?"

"장보고, 잘 있었는가? 보고 싶어서 왔네."

장보고는 염장의 두 손을 붙잡고 반갑게 흔들었어요.
"정말 반갑네. 자, 어서 들어와 앉게. 그동안 어떻게 지냈는가?"
두 사람은 술상을 앞에 놓고 주거니 받거니 하며 술잔을 기울였어요.
장보고와 염장의 이야기는 좀처럼 끝날 줄 몰랐어요.
"말 말게. 대신들이란 것들이 전부 아첨꾼들일세. 왕은 그저 허수아비일 뿐이라고."
염장은 장보고를 찾아온 이유를 들킬까 봐 걱정이 되어 거짓말을 늘어놓았어요.
"대신들이 다 그렇지. 그걸 여태껏 몰랐는가?"
장보고는 염장을 조금도 의심하지 않았어요. 신무왕을 왕위에 올리기 위해 한때 함께 힘을 합쳤던 사람이니 의심할 턱이 없었지요.
"자! 어서 들게. 밤새도록 이야기하자고. 우리는 오랜 친구 아닌가?"

염장은 술을 마시는 척하면서도 기회를 엿보았어요.
장보고가 얼큰히 취해 있을 때였어요.
'바로 지금이다!'
염장은 벽에 걸린 장보고의 칼을 꺼내 들었어요. 그러고는 순식간에
장보고의 목을 내리쳤어요.
"으아악!"
장보고는 외마디 비명만을 남기고 쓰러졌어요.
믿었던 친구의 손에 아무런 방어도 하지 못하고
숨을 거둔 것이지요.
장보고가 죽은 뒤, 청해진은 날로 쇠퇴해
갔어요.
장보고가 품었던 '해상국'이란
큰 꿈도 그와 함께
청해진 바다 깊은
곳으로 가라앉아
사라지고 말았지요.

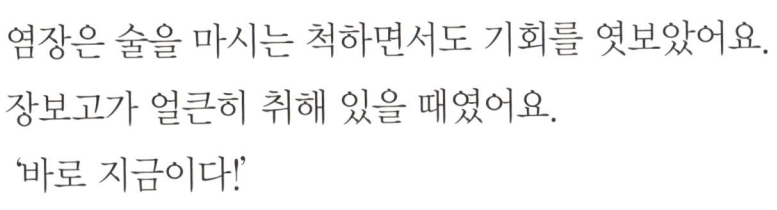

이제 해상 강대국에 대한 꿈을 접어야 하는가?

장보고 X-파일

무역의 물꼬를 튼 장보고

"당나라 신라방에서 오셨다고요? 일본에는 무슨 일로 오셨습니까?"
일본 규슈의 한 관리가 거만하게 물었어요.
"여기에서 필요한 당나라와 신라 물건을 구해 드릴 테니, 일본 물건을 저희에게 파십시오."
장보고는 무역을 담당하는 일본 관리에게 말했어요. 그 당시 신라와 일본은 상인들 몇몇이 물건을 사고팔았을 뿐, 공식적인 무역은 이뤄지지 않았어요. 게다가 일본은 배가 발달하지 않아 신라를 오가기가 쉽지 않았어요.
이런 사정을 훤히 안 장보고는 관리들을 설득한 끝에 무역을 맺었어요.
그 후 청해진 대사가 된 뒤에도 장보고는 일본과 무역을 계속했지요.
그래서 규슈 하카타에 무역 근거지를 만들고 청해진을 중심으로 당, 신라, 일본을 잇는 중개 무역을 활발히 펼쳤어요.
이렇게 장보고가 직접 발로 뛰어가며 시장의 흐름을 읽고 개척한 덕에, 청해진 상인들이 가져온 물건은 어느 나라에서나 불티나게 팔렸답니다.

바다를 개척한 장보고와 이순신

장보고 인물 파일

우리나라는 예부터 조선술과 항해술이 발달해 있었어요. 백제인이 중국과 일본을 오가면서 개척한 뱃길만 보아도 알 수 있지요. **게다가 장보고는 바닷물의 흐름을 이용해 보다 빠르고 안전하게 다닐 수 있는 뱃길을 알아냈어요.** 그 덕에 외국 배들이 청해진을 자유롭게 드나들고, 청해진은 동아시아의 무역을 담당하는 해상 왕국이 되었죠.
조선의 이순신은 바다의 조수 간만을 작전에 이용해 일본 수군을 몰아낸 명장이에요.
남해의 명량 해협은 바닷물의 흐름이 거세고 복잡한 곳이에요. 그중 울돌목은 시간대에 따라 바닷물의 흐름이 달라, 서쪽 방향인 서해로 흘렀다가 어느 시간이 되면 방향을 바꿔 남동쪽으로 흘렀어요. 이런 사정을 잘 아는 이순신 장군은 뛰어난 작전을 펼쳐 13척의 배로 133척의 일본 배를 무찌르는 통쾌한 승리를 거뒀지요.
이처럼 장보고와 이순신은 드넓고 거친 바다를 잘 활용했답니다.

장보고 배.

이순신이 만든 거북선.

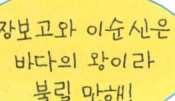
장보고와 이순신은 바다의 왕이라 불릴 만해!

우리나라 최초의 도자기는 장보고로부터

청해진을 중심으로 중개 무역을 할 당시, 도자기는 매우 귀한 물건이었어요. 특히 중국 도자기는 인기가 많아 인도, 터키, 이집트까지 널리 팔려 나갔지요.

지혜로운 무역가 장보고는 큰 이익을 남기는 도자기 무역을 눈여겨보았어요.

장보고는 중국에서 도자기 만드는 기술을 배워 와 강진과 해남 등지에 도자기 굽는 마을을 만들었지요.

강진과 해남은 흙이 좋았을 뿐만 아니라 청해진과도 가까워 도자기를 운반하기에 편했거든요. 장보고의 노력과 지원 속에 드디어 우리나라에서도 도자기를 만들게 됐어요.

지금까지 강진군 일대에 장보고 시대에 만들어진 것으로 보이는 도자기 가마터가 180여 곳이나 넘게 발견됐다니 어마어마하지요? 신라의 도자기는 그 후 눈부신 발전을 거듭해, 그 누구도 흉내 낼 수 없는 아름다운 고려청자로 거듭났어요.

강진 가마터에서 나온 햇무리굽 자기.

장보고 동상.

장보고가 애쓴 덕분에 우리 나라가 도자기를 만들게 되었구나!

장보고 연표

신라 38대 원성왕이 신라를 다스리던 무렵에 완도에서 태어남.	790?
	800
정년과 당나라로 건너감.	810
당나라 절도사의 반란을 토벌하는 데 공을 세워 무령군 소장이 됨.	~
적산촌에 법화원이라는 절을 세움.	819
당나라 신라방에 있는 신라 사람들과 함께 무역 활동을 하면서 힘을 키움.	822
신라로 돌아와, 청해진 대사가 됨. 완도에 청해진을 설치하여 그곳을 거점으로 해적 소탕에 나섬.	828
해적과 왜구를 소탕하고 동아시아의 해상권을 완전히 장악하여 안전한 바닷길을 엶. 이때부터 당나라와 일본을 왕래하는 모든 선박은 장보고의 명령을 받게 됨.	836
도망 온 김우징을 받아들임.	837
청해진 군사를 이끌고 경주로 쳐들어가 민애왕을 죽임. 감의군사의 벼슬에 오름.	839
문성왕에 의해 진해장군에 오름.	840
문성왕이 김양의 딸을 둘째 왕비로 삼음.	842
신라 조정에서 보낸 염장에 의해 살해됨.	846

장보고의 청해진 본영.

한국사·세계사 연표

카를 대제 죽고, 루트비히 1세 즉위(814). 신라, 사방에서 초적이 일어남(819).	
김헌창 반란.	
잉글랜드 통일(앵글로색슨 왕국 성립).	
신라, 흥덕왕이 죽고 조카인 희강왕이 왕위에 오름.	
왕위 쟁탈전에서 패배한 김우징이 청해진으로 달아남.	
김우징이 신무왕이 됨. 신무왕이 죽고 그의 아들이 왕위에 올라 문성왕이 됨.	
루트비히 1세 죽고, 세 아들 사이에 상속 분쟁이 일어남.	

청해진의 장보고 묘.

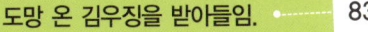

신라가 해상 무역 강대국이 되었네!

청해진은 장보고가 죽은 뒤, 역사의 중심에서 사라졌어.

나도 장보고처럼 우리 나라 최고의 무역인이 될래.